Bibliografische Information der Deutschen Nationalbibliothek:

Die Deutsche Bibliothek verzeichnet diese Publikation in der Deutschen National-
bibliografie; detaillierte bibliografische Daten sind im Internet über http://dnb.d-
nb.de/ abrufbar.

Impressum:

Copyright © 2013 GRIN Verlag
Druck und Bindung: Books on Demand GmbH, Norderstedt Germany
ISBN: 9783668661455

Dieses Buch bei GRIN:

https://www.grin.com/document/416267

Anna Kuhlmann

Flexionsmorphologie. Gesamtbau des verbalen Paradigmas

Zusammenfassung zur Flexionsmorphologie in der Linguistik

GRIN Verlag

GRIN - Your knowledge has value

Der GRIN Verlag publiziert seit 1998 wissenschaftliche Arbeiten von Studenten, Hochschullehrern und anderen Akademikern als eBook und gedrucktes Buch. Die Verlagswebsite www.grin.com ist die ideale Plattform zur Veröffentlichung von Hausarbeiten, Abschlussarbeiten, wissenschaftlichen Aufsätzen, Dissertationen und Fachbüchern.

Besuchen Sie uns im Internet:

http://www.grin.com/

http://www.facebook.com/grincom

http://www.twitter.com/grin_com

Inhalt

Flexionsmorphologie

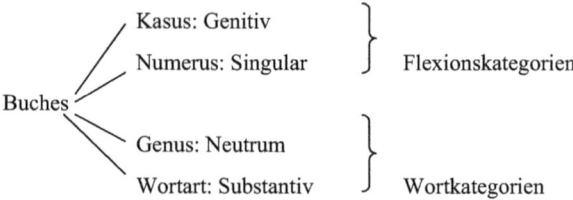

Wortform: bestimmte Wortform eines Wortes (Buches ist eine Wortform von Buch)

Kategorie: Singular, Plural, Nominativ, Genetiv etc.

Kategorisierung: Numerus, Genus, Kasus, Wortart etc.

Beispiel: Jede substantivierte Wortform weist zwei Kategorisierungen auf (Numerus, Kasus), aber jeweils nur eine Kategorie.

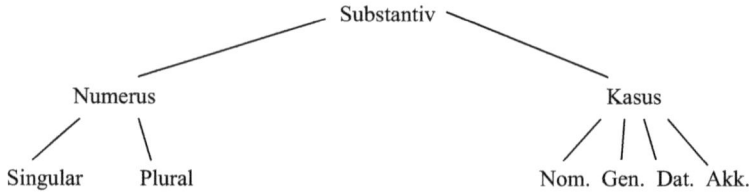

Grundformflexion = Stamm ist zugleich Grundform → Tag

Stammformfelxion = legen

Grundform = unmarkierte Form, Suffixlosigkeit

Paradigmatischer Ausgleich = Formen eines Paradigmas, die von anderen Formen desselben Paradigmas abweichen (Silbenzahl), gleichen sich diesen an

unmarkiert = kein morphologisches Merkmal vorhanden und inhaltlich unmarkiert, ohne spezielle Funktion → „Sonst"-Form: wird verwendet, wenn es keinen speziellen Grund gibt, eine andere Form zu wählen

markiert = morphologische und inhaltliche Merkmale enthalten

→Formale und funktionale Markiertheit bzw. Unmarkiertheit stimmen überein.

unmarkierte Tempuskategorie: Präsens

unmarkierte Moduskategorie: Indikativ   Grund für die Unterscheidung von

unmarkierte Genus verbi- Kategorie: Aktiv   1. und 3. Person in –e und –t

unmarkierte Numeruskategorie: Singular

unmarkierte Genuskategorie: Maskulinum

Morphologie = innere Struktur, Aufbau von Wörtern

Flexionsmorphologie = beschäftigt sich mit den Fragen, wie die Wortformen einer Sprache in
Flexionsparadigmen organisiert sind, wie die jeweiligen Paradigmen
aufgebaut sind, welche Wortformen dazugehören, welche
Formmerkmale sie aufweisen und wie sich die Wortformen innerhalb
des Paradigmas formal und funktional zueinander verhalten

→ Ziel: Aussagen darüber, warum die Formen eines
Flexionsparadigmas gerade so aufgebaut sind und nicht anders

Funktionen der Morphologie

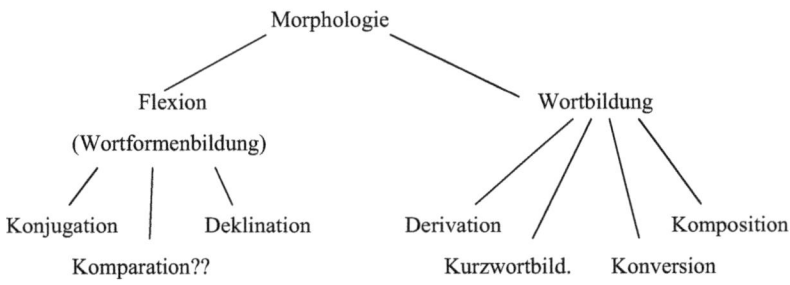

3

Formenbildung allgemein

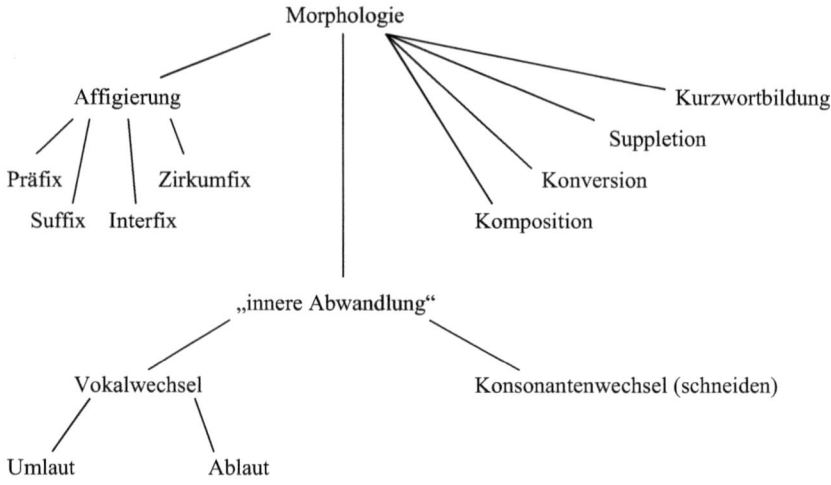

Deklination = Flexion hinsichtlich Kasus und Numerus bei den Wortarten Substantiv, Adjektiv, Pronomen und Artikel

Deklinationsklasse = Einteilung der Substantive in Flexionsmuster hinsichtlich ihrer Kasus- und Numerusbildung

Kongruenz = Übereinstimmung in Flexionsmerkmalen oder grammatischen Merkmalen

Merkmal = Bestandteile von Merkmalsklassen; Singular und Plural sind Merkmale der Merkmalsklasse Numerus

Merkmalsklasse = Zusammenfassung von grammtischen Merkmalen

Paradigma = Menge von Flexionsformen, die nach demselben Muster gebildet werden. Man spricht dann von einem Flexionsparadigma

Pronomen = Flektierende Wortart mit verschiedenen Unterkategorien und den Merkmalsklassen K N G P

Verbklasse = Einteilung der Verben in Flexionsmuster hinsichtlich ihrer Präteritum- und Part II- Bildung

1) Gesamtbau des verbalen Paradigmas

Infinite vs. finite Formen

finit = Personalendungen charakterisiert ein Verbum in seiner wesentlichen Funktion
→Flexionsform der Wortart Verb, die das Merkmal Person enthalten

infinit = unflektiert, keine Personalendungen
→Flexionsform der Wortart Verb, die nicht das Merkmal Person enthalten
(Infinitiv, Partizip)

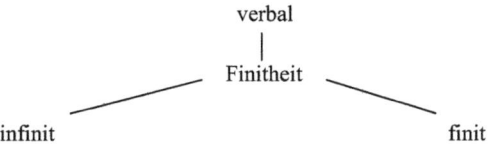

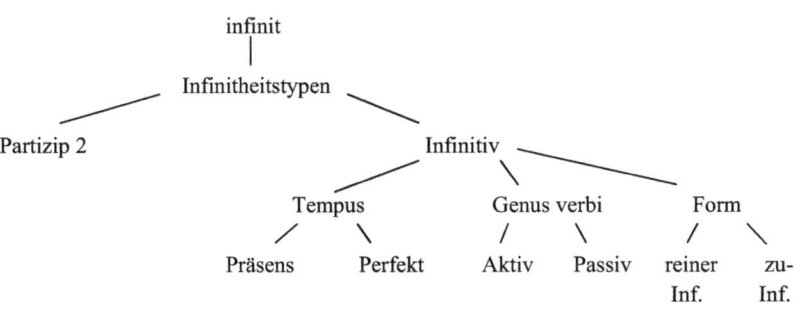

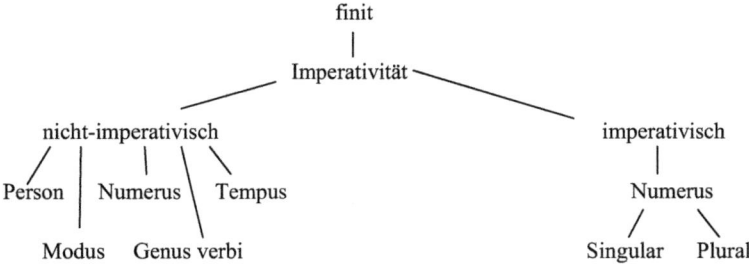

5

infinit: Infinitive (8 Formen) und Partizip II;

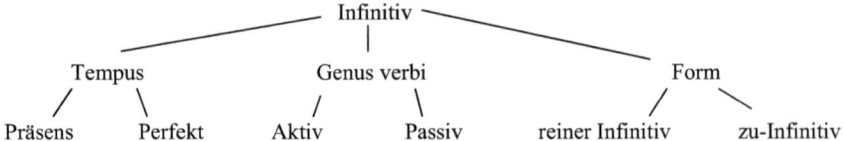

Infinitiv

Tempus   Genus verbi   Form

Präsens   Perfekt   Aktiv   Passiv   reiner Infinitiv   zu-Infinitiv

Bildung des Infinitivs:
Nach dem letzten Vollvokal der Stammform weist der Infinitiv genau eine Schwa-Silbe auf (Trochäus). Das Infinitivflexiv lautet in der Regel – en (lachen), die verkürzte Form lautet –n bei den Verben, die auf –er (lästern) oder –el enden (segeln)

Unterscheidung:
Man unterscheidet den reinen Infinitiv und den erweiterten Infinitiv (zu-Infinitiv). Der erweiterte Infinitiv wird als komplexe Form interpretiert, da im Satz zu und Infinitiv nicht getrennt werden können.
     *Ich hoffe zu das Turnier zu gewinnen.

Formen des Infinitivs:
Der Infinitiv ist nur als Präsens und Perfekt und zwar jeweils im Aktiv und Passiv bildbar. So ergeben sich insgesamt 8 Formen:

     a. reiner Infinitiv

	Präsens	Perfekt
Aktiv	tragen	getragen haben
Passiv	getragen werden	getragen worden sein

     b. zu – Infinitiv

	Präsens	Perfekt
Aktiv	zu tragen	getragen zu haben
Passiv	getragen zu werden	getragen worden zu sein

Partizip II (Partizip Perfekt)

In Verbindung mit den entsprechenden Endungen kann das Partizip II auch als Adjektiv verwendet werden, die Hauptverwendung ist aber das Prädikat. Partizipien II sind obligatorische Bestandteile der Passivbildung, im Aktiv dienen sie als Bestandteil der zusammengesetzten Tempora (Perfekt, Plusquamperfekt, Doppelperfekt, Doppelplusquamperfekt, Futur II).

Status des Partizip I

Das Partizip I hat zwar viele Eigenschaften verbaler Form, die Hauptverwendung findet sich aber als Attribut (singend) und nicht mehr als Verbform.

     *Er ist singend.

     das singende Pferd

Das Partizip I ist zudem komparierbar und wird daher zu den Adjektiven gezählt und aus dem verbalen Paradigma ausgeschlossen. (wird regelmäßig vom Infinitiv abgeleitet, kommt nicht in periphrastischen Verbformen vor)

Bildung von Partizip II und Partizip I

Partizip I :   Verbstamm + Suffix –end   singen – singend

Partizip II: schwach: Zirkumfix ge-(e)t   hüpfen - gehüpft

           stark: Zirkumfix ge-en   schreiben- geschrieben
           meinst abgelautet

Ausnahmen:

- komplexe Verben mit Präfix haben nur ein Suffix –t (besetzen – besetzt) oder –en (beschreiben – beschrieben)
- komplexe Verben mit selbstständigem Morphem in Form einer Präposition:
  - Morphem unbetont → Partizip II ohne ge- gebildet (umfahren)
  - Morphem betont → ge- tritt zwischen Morphem und Stammmorphem (umgefahren) = trennbare Verben, die mit einem Adverb oder einer Präposition gebildet wurden

Problem Imperativ: Gründe für und gegen dessen (In)finitheit

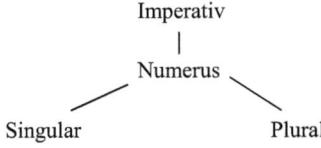

7

Formen:

Singular: schreib(e)

Plural: schreibt

- e/i- Wechsel bei den starken Verben, die auch im Indikativ in der 2. und 3. Person einen Wechsel haben, unterbleibt aber immer häufiger

Problem: Person
- keine zweite Person vorhaben, da paradigmatisch keine Gegenposition vorhanden
- Annahme einer zweiten Person, da Adressatenbezug und paradigmatische Orientierung an der 2. Person, ist aber nicht vorhanden
- Gründe gegen Finitheit

Problem: syntakmatische Betrachtung

Schreib   du   ruhig.

2.Per. ?   2. Per.

Schreibst   du?

2.Pers.   2.Pers.

Kategorisierung 2. Person, da der Imperativ hier dazu benutzt wird, jemanden anzusprechen. →Dies ist aber eine Funktion und kein Merkmal!

- formal gesehen unterscheidet sich der Imperativ von den anderen infiniten Formen, da er nur hinsichtlich eines Merkmals (Numerus) kategorisiert ist. Deshalb ist es auch umstritten, ob der Imperativ überhaupt zu den infiniten Formen gehört.

Finite Formen: Kategorisierung nach Person, Numerus, Tempus, Modus, Genus verbi

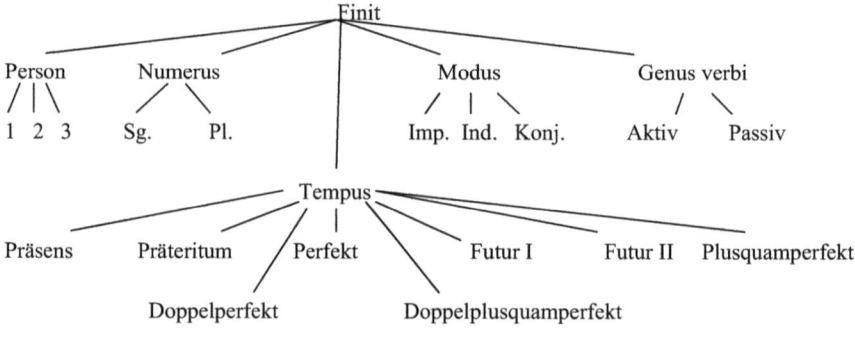

2) Personalformen

Vorbemerkung
- Stammflexion bei Verben
- externe Motivation = Personalpersonen kongruieren nicht mit dem Verb, sondern das Verb mit dem Personalpronomen

traditionell: 6 Formen

→Syntaktisch-funktionsbezogen

		Singular	Plural
1. Person	**rief**	•	en
2.Person		st	t
3.Person		-	en

Eisenberg: 4gliederiges Paradigma: Gründe dafür, Motivation; wie es funktioniert
Eisenberg betrachtet nur die vorkommenden Formen selbst mit dem Ziel, eine möglichst einfache, formal und funktional deutbare Ordnung der Formen zu finden

Adressierung		Singular	Plural
Nicht-Adressat	**rief**	-	en
Adressat		st	t

→ morphologisch-formbezogenes Paradigma
Das Teilparadigma ist so aufgebaut, dass am Verb selbst nur dir 2. Person = Adressat vom Rest unterschieden ist. Es ist also nach dem Grundsatz aufgebaut, dass möglichst wenig Synkretismen auftreten. Betrachtet man die Formen selbst noch einmal hinsichtlich ihrer Markiertheitsverhältnisse innerhalb der einzelnen Kategorisierungen, so ergibt sich folgendes Paradigma für präteriale Formen:

9

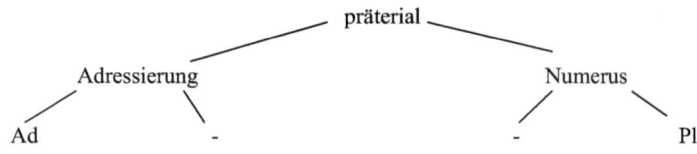

präterial

Adressierung   Numerus

Ad   -   -   Pl

	-	Plural
-	-	**en**
Adressat	**st**	**t**

Es lässt sich ein Zusammenhang zwischen kategorialer Markiertheit und Aufwand der Formenbildung nahe:

- doppelt unmarkierte Form rief (Nad, NichtPlural) ist die leichteste Form, affixlos

→Schwere der Form korrespondiert mit der Schwere der kategorialen Belastung = konstruktioneller Ikonismus = Zusammenhang zwischen kategorialem und substantiellen Gewicht der Formen

Problem: Präsens Indikativ Aktiv von Voll-, Kopula- und Hilfsverben
Bei Verben im Präsens Indikativ Aktiv von Vollverben, Kopula- und Hilfsverben funktioniert dieses Schema nicht. Der Nicht-Adressat zerfällt in die 1. und 3. Person, der Adressat bleibt gleich.

Bsp. rufen

ruf-

e	en
t	en
st	t

3) Tempus

Anzahl der anzunehmenden Tempora

8 Tempora gibt es im Deutschen:

- Präsens
- Perfekt
- Plusquamperfekt
- Futur I
- Futur II
- Doppelplusquamperfekt
- Doppelperfekt

Formale/morphologische Bildung der Tempora, insbesondere: schwache vs. starke Verben: e/i-Wechsel und Umlaut im Präsens starker Verben; Ablaut bei starken Verben; Bildung der zusammengesetzten Tempora (Perfekt, Plusquamperfekt, Future I und II, Doppelperfekt und Doppelplusquamperfekt)

synthetisches Tempus = nicht zusammengesetzte Formen z.B. im Modus- oder
Tempusbereich (Präteritum, Präsens)
analythisches Tempus = zusammengesetzte Formen (alle anderen Tempora)

starke Verben = bilden Präteritum mit einem Stammvokalwechsel (Ablaut)

schwache Verben = bilden Präteritum mit Suffix –te

unregelmäßige Verben = Verben, die weder stark noch schwach sein

Präsens

- ist als einziges Tempus nicht morphologisch markiert
- der Zeitbezug des Präsens ist kaum eingeschränkt (futurische Bedeutung)

Besonderheiten des Präsens

1. im Flexionsbereich:
   - e- Einschub: Endet der Stamm auf d/t oder einen Obstruenten + Nasal wird aus
     - st → - est   und aus – t → - et (rechnen, baden)

     Ausnahme: Bei starken Verben findet kein e-Einschub statt, sondern entweder ein Umlaut, falls möglich, oder ein e/i-Wechsel (raten, werden)

11

- e-Tilgung: Das Schwa-Suffix kann bei einsilbigen Verbstämmen in der 1.Sg. fehlen (sehen)

2. im Stammbereich:
   - e-Tilgung: Kann im Stammbereich bei der 1.Sg. auftreten, wenn der Stamm auf – el oder - er endet (fordern, segeln)

   - Umlaut: Bei einigen starken Verben, die ein a im Stammmorphem haben, wird umgelautet in der 2. und 3. Person (raten)

   - e/i-Wechsel: im Stamm einiger starken Verben kann ein e/i-Wechsel stattfinden (nehmen)
     Sonderfälle: werden, haben, sein, Modalverben außer sollen

Perfekt

Hilfsverb (haben/ sein) + Partizip II

Plusquamperfekt

Hilfsverb (haben/sein) im Präteritum + Partizip II

Präteritum

- Schwache Verben: -te Suffix (kaufen)
- Starke Verben: Ablaut (singen)
- unregelmäßige Verben: -te Suffix (brennen) ODER Ablaut (gehen) ODER eine Kombination von beidem (bringen)

Besonderheiten des Präteritums
- e- Einschub: dort, wo im Präsens das Person-Numerus-Suffix um –e erweitert wird, findet sich auch im Präteritum eine e-Erweiterung zu –ete (baden)
- Zeitbezug auf die Vergangenheit, Gültigkeit kann aber noch bestehen
- Präteritumschwund: wird durch das Perfekt ersetzt → Entstehung vom Doppelperfekt

Doppelperfekt
Hilfsverb im Perfekt + Partizip II

Doppelplusquamperfekt
Hilfsverb im Plusquamperfekt + Partizip II

Futur I
Hilfsverb werden im Präsens + Infinitiv Präsens des Vollverbs
Futur II
Hilfsverb werden im Präsens + Infinitiv Perfekt Aktiv des Vollverbs

Perfekt und Plusquamperfekt: Wahl des Hilfsverbs (*haben* oder *sein*)
Das Hilfsverb haben ist der Normalfall bei der Bildung beider Tempora und wird bei allen
transitiven Verben verwendet. Das Hilfsverb sein ist der Ausnahmefall und wird fast
ausschließlich bei intransitiven Verben benutzt und...

- intransitive Verben, die eine Zustandsveränderung des Subjekts ausdrücken
- intransitive Verben mit einem Dativobjekt
- Verben der Fortbewegung
- sein und bleiben
- transitive Verben durchgehen und eingehen

4) Modus und Tempus

Vorbemerkungen
- Modus: Imperativ, Indikativ und Konjunktiv
- Indikativ ist der unmarkierte Modus
- Ökonomieprinzip (Faulheitsprinzip): Reduktion der Formen (Frau), durch Artikel ist
  eine Unterscheidung noch möglich →Grund für freie Wortstellung im Deutschen
- Möglichkeitsform
- im Aktiv, Passiv, allen Personen und Tempora
- Konjunktivgebrauch nur in der Schriftsprache →daher Unterscheidung der 3. Person
  Sg. Indikativ und Konjunktiv!

Bildung der Konjunktivformen, Was ist Konjunktiv I und Konjunktiv II?

Konjunktiv Präsens	er lache	er singe
Konjunktiv Präteritum	er lachte	er sänge
Konjunktiv Perfekt	er habe gelacht	er sei gelaufen
Konjunktiv Plusquamperfekt	er hätte gelacht	er wäre gelaufen

Konjunktiv I:
- durchgängiges Merkmal ist –e, das an Präsens- oder Präteritumstamm angefügt wird
  →Abfolge von zwei Schwa-Silben aber nicht erlaubt →Person-Numerus-Suffixe sind
  im Konjunktiv schwalos

13

- Konjunktiv I werden alle Konjunktive genannt, die mit einem finiten Verb im Präsens verbunden sind: Konjunktiv Präsens, Perfekt, Doppelperfekt, Futur I, Futur II
- in indirekter Rede

Konjunktiv II:

- = alle Konjunktive, die das finite Verb im Präteritum haben: Konjunktiv Präteritum, Plusquamperfekt, Doppelplusquamperfekt und würde-Konjunktiv
- als Irrealis

Homonymien von Indikativ und Konjunktiv Präsens sowie von Indikativ und Konjunktiv Präteritum

schwache Verben

Indikativ	Konjunktiv
lach-e	lach-e
lach-st	lach-est
lach-t	lach-e
lach-en	lach-en
lach-t	lach-et
lach-en	lach-en

Indikativ	Konjunktiv
red-e	red-e
red-est	red-est
red-et	red-e
red-en	red-en
red-et	red-et
red-en	red-en

starke Verben

Indikativ	Konjunktiv
sing-e	sing-e
sing-st	sing-est
sing-t	sing-e
sing-en	sing-en
sing-t	sing-et
sing-en	sing-en

Indikativ	Konjunktiv
reit-e	reit-e
reit-est	reit-est
reit-et	reit-e
reit-en	reit-en
reit-et	reit-et
reit-en	reit-en

Im Präsens können bis zu fünf Formen im Indikativ und Konjunktiv formal zusammenfallen. Die einzige Form, die im Präsens bei allen Verben im Indikativ und Konjunktiv verschieden ist, ist die 3. Person Sg., da im Konjunktiv im Gegensatz zum Indikativ nie ein t-haltiges Suffix vorkommt. Dagegen sind aber die 1. Person Sg. und die 3. Person Pl. immer formengleich, einzige Ausnahme ist sein.

Im Präteritum ist der Formenzusammenfall noch dramatischer, das sich bei schwachen Verben die Indikativ- und Konjunktivform grundsätzlich nicht unterscheiden. Bei starken Verben sind in der Regel nur die 1. und 3. Person Plural formgleich, bei den Verben, deren Stamm auf –t auslautet, zusätzlich die 2. Pl. Nur bei starken Verben, deren Präteritumstamm einen umlautfähigen Vokal besitzen, unterscheidet sich grundsätzlich alle Konjunktivformen von den Indikativformen, da umgelautet wird.

14

Bei den Perfektformen unterscheiden sich das mit haben gebildete von dem mit sein gebildete Perfekt:

- haben-Perfekt: wie im Präsens sind Indikativ- und Konjunktivformen in der 1. Sg., 1. und 3. Pl. homonym
- sein-Perfekt: alle Formen sind von den Indikativformen unterschieden

Da die Hilfsverben haben und sein im Konjunktiv Präteritum umlauten, sind im Konj. Plqpf. bei allen Verben alle Formen von den Indikativformen zu unterscheiden.

würde + Infinitiv: Morphologische Einordnung; Ersatz welcher Konjunktivformen?
Welche Konjunktivformen werden nicht durch würde + Infinitiv ersetzt? Warum nicht?

Der Konjunktiv II wir auch als würde-Konjunktiv bezeichnet, da es sich bei der finiten Verbform von würde um den Konjunktiv Präteritum von werden handelt. An die würde-Form schließt sich ein Infinitiv Präsens oder Perfekt an.

Ich würd lesen/ gelesen haben.
Ich würde beschenkt werden/ beschenkt worden sein.

Der würde-Konjunktiv ersetzt häufig den Konjunktiv Präsens, Präteritum und Futur I.
    Sie sagt, sie würde nie Bücher lesen.
STEHT für: Sie sagt, sie lese/läse/werde nie Bücher lesen.

siehe Schema: der Konjunktiv Plusquamperfekt ist eindeutig markiert durch das Umlauten von hätte und wäre, um den Irrealis eindeutig auszudrücken, ein Abweichen auf die würd-Form wird somit verhindert; alle anderen Formen können durch würde + Infinitiv ersetzt werden, da sie nicht eindeutig Konjunktiv sind

Konjunktiv Präsens:
- indirekte Rede → finite Verb aus direkten Rede wird in indirekter Rede in den entsprechenden Konjunktiv gesetzt. Der Konjunktiv Präsens muss aber nicht stehen, sondern er kann immer durch den Konjunktiv Präteritum ersetzt werden.
- erstarrte Wunsch- und Aufforderungssätze
- Sie-Imperativ
- Adhortativ (Seien wir doch mal ehrlich)

Konjunktiv Präteritum bzw. würde-Konjunktiv
- impliziert nicht vergangenen, sondern gegenwärtigen oder zukünftigen Zeitbezug:
  Ich würde sagen; Wenn es regnen würde; Hätte ich doch Geld; Ich möchte…

15

Morphologische Merkmale der Tempus-Modus-Formen

Betrachtet man die morphologischen Bau der Tempus-Modus-Formen insgesamt, so zeigt sich, dass diese kompositional aufgebaut sind = einzelne Formen sind jeweils aus einer kleinen Anzahl gleicher Elemente zusammengesetzt. Jede Tempusform enthält genau eine finite Verbform:

- markiert durch –te- und (bei starken Verben) Ablaut →[+Prät]
- werden + Infinitiv des Vollverbs → [+Fut]
- haben/sein + Part II → [+Perf]
- Plusquamperfekt [+Perf] und [+Prät]
- Doppelperfekt gibt es nur, wenn erste Perfektbildung bereits geschehen → [Perf$_2$]

→maximal 4 morphologische Merkmale im Indikativ

	[Prät]	[Fut]	[Perf]	[Perf$_2$]
singst	-	-	-	-
wirst singen	-	+	-	-
hast gesungen	-	-	+	-
wirst gesungen haben	-	+	+	-
hast gesungen gehabt	-	-	+	+
sangst	+	-	-	-
hattest gesungen	+	-	+	-
hattest gesungen gehabt	+	-	+	+

Beim Konjunktiv fällt auf, dass es anders als beim Indikativ auch Kombinationen wie [+Prät] und [+Fut] usw. gibt:

	[Prät]	[Fut]	[Perf]	[Perf$_2$]
singest	-	-	-	-
werdest singen	-	+	-	-
habest gesungen	-	-	+	-
werdest gesungen haben	-	+	+	-
habest gesungen gehabt	-	-	+	+
sängest	+	-	-	-
würdest singen	+	+	-	-
hättest gesungen	+	-	+	-
würdest gesungen haben	+	+	+	-
hättest gesungen gehabt	+	-	+	+

→**Besondere Probleme mit *würde* + Infinitiv:** Merkwürdigkeit: Formen *würdest singen* und *würdest gesungen haben* sind Konjunktivformen von Indikativformen, die es gar nicht gibt.

Frage: Handelt es sich tatsächlich um Konjunktivformen?
Vergleich der Formen des Tempushilfsverbs werden mit dem Kopulaverb werden und dem Passivhilfsverb werden:
- a. Kopulaverb

	Indikativ	Konjunktiv
Präsens	wird rot	werde rot
Präteritum	wurde rot	würde rot

b. Passivhilfsverb

Indikativ	Konjunktiv
wird gesehen	werde gesehen
wurde gesehen	würde gesehen

c. Tempushilfsverb

	Indikativ	Konjunktiv
Präsens	wird singen	werde singen
Präteritum	*wurde singen	würde singen

Erhebliches Problem bei der adäquaten Einordung der Formen, da *würde* zwar eine Konjunktivform ist, die in Opposition zur Indikativ *wurde* steht, dass aber *würde singen* nicht der Konjunktiv zu *wurde singen* ist →Form existiert nicht! (moduslos, ignorieren)

Zusammenhang des kompositionalen Aufbaus und der Bedeutung
Problem: Grundbedeutung [+Konj.]
Vorkommen:
- in indirekter Rede: Sprecher drückt aus, dass er keine Stellung zur Wahrheit des Gesagten annimmt
- Gesagtes wird als nicht gesichertes Wissen dargestellt im Gegensatz zum Indikativ
→Grundbedeutung unabhängig vom Tempus: nicht-faktiv

Konjunktiv I hat dieselbe Tempusbedeutung wie Indikativ, jedoch gilt dies nicht für den Konjunktiv II. Der Konjunktiv II hat keinen Vergangenheitsbezug, sondern einen Gegenwarts- oder Zukunftsbezug, der Konjunktiv Plusquamperfekt bedeutet nur Vergangenheit, haben diesen Bezug also nicht und können deshalb nicht durch würde + Infinitiv ersetzt werden!!

5) Genus verbi

Bildung von *werden-*, *sein-* und *bekommen-*Passiv

werden-Passiv = persönliches Passiv transitiver Verben
Bildung:
- Passiv Präsens/ Präteritum/ Futur II: werden + Part II
- Passiv Perfekt/ Plusquamperfekt / Futur I: werden + Part II + Form von sein

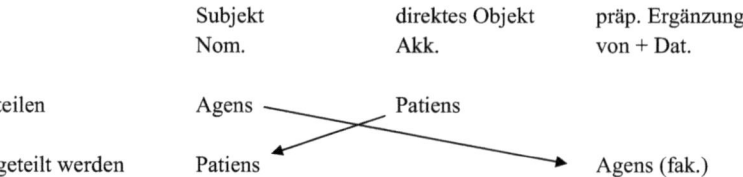

	Subjekt Nom.	direktes Objekt Akk.	präp. Ergänzung von + Dat.
teilen	Agens	Patiens	
geteilt werden	Patiens		Agens (fak.)

Funktion des Passivs:
Tilgung des Subjekts, das im Aktivsatz obligatorisch ist. → Verwendung des Passivs, um allen sprachlichen Möglichkeiten gerecht zu werden.

Bemerkung:
Nicht jedes Subjekt ist ein Agens und nicht jedes Patiens ein Objekt → ist das Subjekt kein Agens oder nicht agentiv, so kann kein passiver Satz gebildet werden = nicht passivfähige Verben
Es gibt graduelle Unterschiede bei der Agenshaftigkeit einiger Wörter, die sich durch ein Agensgefälle bzw. ein Agensanstieg bemerkbar machen. Für die Möglichkeit einer Passivbildung muss das Subjekt eines Aktivsatzes agenshafter sein als das direkte Objekt!

Zweischrittpassiv (persönliches Passiv)
1. Degradierung des Subjekts zu einer fakultativen von-Phrase
2. Objektkonversion, Zentrierung des Objekts im Passivsatz: Verschieben des direkten Objekts zum Subjekt

Besonderheit sog. unpersönliches Passiv (intransitive Verben)

- kein Objekt im Aktivsatz vorhanden, das im Passivsatz die Rolle des Subjekts übernehmen könnte = agensloses Passiv einstelliger Verben

  Ich arbeite. → Es wird gearbeitet.

- Es ist nicht das Subjekt, denn es ist nicht erfragbar und kann durch Adverbien ersetzt werden →subjektlos, das es besetzt lediglich das Vorfeld, da das Deutsche vorrangig eine Verbzweit-Sprache ist

18

- die von-Phrase ist im Gesprochenen eher ungebräuchlich

Zustandspassiv oder sein- Passiv

- bezeichnet Vorgänge, mit denen das vom Subjekt Bezeichnete in einen Nachzustand gebracht wird

- Problematik:

  Das Fenster ist/ wird gestrichen.

  wird = Vorgangspassiv: Sachverhalt wird als Vorgang dargestellt

  sein = Zustandspassiv: Verbindung eines Kopulaverbs + adjektivischem Part II

- Das Zustandspassiv ist sehr umstritten, da...

  o es gebraucht wird wie ein Adjektiv als Prädikatsnomen

    Das Fenster ist gestrichen/ rot.

  o es gebraucht wird wie ein Adjektiv als Attribut

    Das rote Fenster - Ein rotes Fenster

    Das gestrichene Fenster - Ein gestrichenes Fenster

Bekommen- Passiv / Rezipientenpassiv

- Bildung: Besitzverben (bekommen, kriegen, erhalten) werden wie Hilfsverben benutzt

- Verwendung bei dreistelligen Verben (Agens, Patiens, Rezipient) oder auch bei Verben ohne direktes Objekt

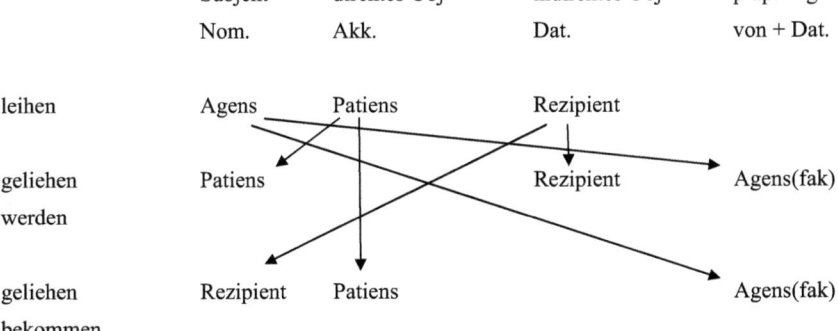

	Subjekt Nom.	direktes Obj Akk.	indirektes Obj Dat.	präp. Erg von + Dat.
leihen	Agens	Patiens	Rezipient	
geliehen werden	Patiens		Rezipient	Agens(fak)
geliehen bekommen	Rezipient	Patiens		Agens(fak)

Bsp. Karl schenkt Paula ein Auto.

→Es werden maximal 2 Rollen verändert

6)   Flexion des Substantivs

Was ist ein Substantiv?

Ein Substantiv flektiert hinsichtlich der beiden Merkmalsklassen Numerus und Kasus und weist ein inhärentes = unveränderliches Genus auf.

Pluralbildung: Wie viele Pluralsuffixe sind anzunehmen, welche Allomorphe sind anzunehmen

-er	Kind-er ⎫	Pluralsuffix –er, falls Substantiv umlautfähig
	Kälb-er ⎭	wird umgelautet

-(e)n   Blume-n ⎫   endet Substantiv auf Schwasilbe → -n
            Mensch-en ⎬   endet Substantiv nicht auf ein Schwasilbe, so
            Gabel-n ⎭   wird –en angefügt

Begründung: im Deutschen bleibt der Plural immer ein Trochäus → wird an ein Substantiv ein –en angefügt, entsteht eine neue Silbe zur Angleichung. Endet ein Substantiv schon auf eine Schwasilbe, wird nur noch ein –n angefügt, da bereits schon ein Trochäus vorhanden ist und im Deutschen keine zwei Schwasilben aufeinander folgen dürfen.

-(e)   Berg-e ⎫   Grund s. o. : endet ein Substantiv auf eine Schwasilbe,
            Balken ⎬   wird der Plural nicht markiert, sonst –e angefügt
            Löffel ⎬
            Hund-e ⎭

Ausnahmen: komplexer Endrand → zwei aufeinander-folgende Schwasilben möglich:

Tugend	Tugend-en
Abend	Abend-e
Tausend	Tausend-e
Hundert	Hundert-e

-s   Auto-s
            Oma-s

-¨(e)   Händ-e ⎫   gleiches Schema wie bei der Pluralbildung von
            Vögel ⎬   Berge, nur mit Umlaut
            Wölf-e ⎭

→5 Pluralsuffixe: -er, -(e)n, -(e), -s, -''(e)

Was sind die Pluralregeln des zentralen Pluralsystems, welche Umlautregeln gelten?

- Wahl des jeweiligen Pluralmarkers ist wesentlich vom Genus des Substantivs abhängig
- Maskulina und Neutra verhalten sich überwiegend ähnlich, bilden daher Super-Genus „Nicht-Feminina" als Opposition zu den Feminina

Zentrales Pluralbildungssystem (Duden)

1. Nicht-Feminina bilden den Plural auf –(e)
2. Feminina bilden den Plural auf –(e)n
3. Mehrsilbige Substantive, die auf einen Vollvokal enden, bilden den Plural genusunabhängig auf –s

→dazu gibt es aber jede Menge Ausnahmen

Pluralbildungstendenzen

a. Feminia

-(e)n	unmarkierter Normalfall (Frauen)
-(e) / -''(e)	markierte Ausnahme (Voraussetzung umlautfähig: Hände)

b. Nicht- Feminina

-(e)	unmarkierter Normalfall (Hunde)
-''(e) ⎤	eher m.
-er ⎬	markierte Ausnahmen ⎱
-(e)n ⎦	⎰ eher n.
- /	wenn Ge-e als Zirkumfix

c. Genusunabhängig

-s	bei mehrsilbigen Substantiven, die auf einen Vollvokal enden

Umlautregel

1. Substantive mit dem Pluralsuffix –(e)n und –s lauten nie um (Ausnahme: Werkstatt)
2. Substantive mit –er-Plural lauten immer um, falls umlautfähig
3. Feminina mit –(e)-Plural haben immer Umlaut, da nur solche Feminina den Plural auf –(e) bilden, die einen umlautfähigen Vokal besitzen (Ausnahme: Substantive – nis)
4. Neutra mit –(e)-Plural haben nie Umlaut (Ausnahme: Flöße, Klöster, Wässer)

5. Bei den Maskulina mit einem umlautfähigen Vokal, die den Plural auf –(e) bilden, gibt es welche, die umlauten, und welche, die es nicht tun →Grund für die Unterscheidung von –(e) und -¨(e)

Kasus: Welche Kasussuffixe kommen im Gegenwartsdeutschen noch vor?

Generell gibt es im Gegenwartsdeutschen nur noch sehr wenig Kasussuffixe.

1. Feminina

	Singular	Plural
Nominativ	-	-
Akkusativ	-	-
Dativ	-	-n*
Genetiv	-	-

*n wird nur dann angefügt, wenn es nicht silbisch ist, d. h. es keine neue Silbe bildet, oder wenn das Substantiv nicht auf –n endet

2. Nicht-Feminina

1.Gruppe: Zu dieser Gruppe gehören Maskulina und Neutra.

	Singular	Plural
Nominativ	-	-
Akkusativ	-	-
Dativ	-(e)	-
Genetiv	-(e)s	-

2.Gruppe: Zu dieser Gruppe gehören nur Maskulina.

	Singular	Plural
Nominativ	-	-
Akkusativ	(-(e)n)*	-
Dativ	(-(e)n)*	-
Genetiv	-(e)n	-

*= verschwinden mit der Zeit

Welche Deklinationsklassen sind anzusetzen?
Pluralbildung und Kasusformen im Singular sind nicht unabhängig voneinander → Es ergeben sich 5 Deklinationsklassen

1. Nicht-Feminina stark

	Singular	Plural		Singular	Plural
Nominativ	Berg	Berg-e	**Nominativ**	Segel	Segel
Akkusativ	Berg	Berg-e	**Akkusativ**	Segel	Segel
Dativ	Berg-(e)	Berg-en	**Dativ**	Segel	Segel-n
Genetiv	Berg -(e)s	Berg-e	**Genetiv**	Segel-s	Segel

	Singular	Plural
Nominativ	Mann	Männ-er
Akkusativ	Mann	Männ-er
Dativ	Mann-(e)	Männ-er-n
Genetiv	Mann-(e)s	Männ-er

Gemeinsames Merkmal: Genetiv Singular –(e)s, Pluralsuffix –(e) oder -er

2. Nicht-Feminina gemischt

	Singular	Plural		Singular	Plural
Nominativ	Staat	Staat-en	**Nominativ**	Auge	Auge-n
Akkusativ	Staat	Staat-en	**Akkusativ**	Auge	Auge-n
Dativ	Staat-(e)	Staat-en	**Dativ**	Auge	Auge-n
Genetiv	Staat-(e)s	Staat-en	**Genetiv**	Auge-s	Auge-n

Gemeinsames Merkmal: Genetiv auf –(e)s, Plural –(e)n

3. Maskulina stark

	Singular	Plural		Singular	Plural
Nominativ	Mensch	Mensch-en	**Nominativ**	Affe	Affe-n
Akkusativ	Mensch-en	Mensch-en	**Akkusativ**	Affe-n	Affe-n
Dativ	Mensch-en	Mensch-en	**Dativ**	Affe-n	Affe-n
Genetiv	Mensch-en	Mensch-en	**Genetiv**	Affe-n	Affe-n

Gemeinsames Merkmal: mit Ausnahme des Nominativ alle Formen auf –(e)n

4. Nicht-Feminina mit s-Plural

	Singular	Plural
Nominativ	Uhu	Uhu-s
Akkusativ	Uhu	Uhu-s
Dativ	Uhu	Uhu-s
Genetiv	Uhu-s	Uhu-s

	Singular	Plural
Nominativ	Auto	Auto-s
Akkusativ	Auto	Auto-s
Dativ	Auto	Auto-s
Genetiv	Auto-s	Auto-s

Gemeinsames Merkmal: Dativ Singular ohne –e, Genetiv Singular nur mit –s und Plural mit –s

5. Feminina

	Singular	Plural
Nominativ	Frau	Frau-en
Akkusativ	Frau	Frau-en
Dativ	Frau	Frau-en
Genetiv	Frau	Frau-en

	Singular	Plural
Nominativ	Hand	Händ-e
Akkusativ	Hand	Händ-e
Dativ	Hand	Händ-en
Genetiv	Hand	Händ-e

	Singular	Plural
Nominativ	Oma	Oma-s
Akkusativ	Oma	Oma-s
Dativ	Oma	Oma-s
Genetiv	Oma	Oma-s

Gemeinsames Merkmal: Singular endungslos, Pluralsuffixe sind –s, -¨(e), -(e)n

Welche unterspezifizierten Paradigmen lassen sich daraus ableiten?

Homonymie = Wortformen, die hinsichtlich Aussprache und Orthographie bei gleicher Ausdrucksform unterschiedliche Bedeutungen haben.

unterspezifisches Paradigma = Es werden nur die Kasus aufgeführt, die formal verschieden sind. Nur wo Formenunterschiede bestehen, werden auch Bedeutungsunterschiede angenommen. Da in den meisten Fällen nur ein Kasus formal markiert ist, kann man in der Regel eine unmarkierte Form von einer für einen bestimmten Kasus markierten Form unterscheiden. So gibt es zum Beispiel im Singular in der Regel eine Form mit der Bedeutung Genetiv und eine davon verschiedene Form, die diese Bedeutung eben nicht hat – die unmarkierte, hinsichtlich Kasus unterspezifische Form, die immer dann gewählt wird, wenn die markierte, spezifische Form nicht auftritt.

Bei einer solchen Analyse ergeben sich mindestens 5 verschiedene Paradigmen.

1. Unmarkierte Feminina

Singular	Plural
Frau	Frau-en

Singular	Plural
Oma	Oma-s

2. Markierte Feminina

Singular	Plural	
Hand	Händ-e	**untersp.**
	Händ-e-n	**Obj.kasus**

Singular	Plural	
Mutter	Mütter	**untersp.**
	Mütter-n	**Obj.kasus**

3. Nicht-Feminina gemischt und mit s-Plural

	Singular	Plural
untersp.	Staat	Staat-en
Genitiv	Staat-es	

	Singular	Plural
untersp.	Opa	Opa-s
Genitiv	Opa-s	

4. Nicht-Feminina stark

	Singular	Plural	
unterspe.	Hund	Hund-e	**unterspe.**
Genetiv	Hund-es	Hund-e-n	**Dativ**

	Singular	Plural	
unterspe.	Kind	Kind-er	**unterspe.**
Genetiv	Kind-es	Kind-er-n	**Dativ**

25

5. Maskulina schwach

	Singular	Plural
unterspe.	Mensch	Mensch-en

	Singular	Plural
unterspe.	Namen	Name-n
Obj.kasus	Name-n	
Genetiv	Name-ns	

Obj.kasus	Mensch-(en)	
Genetiv	Mensch-en	

7)   Entwicklung der Substantivflexion

Wie und warum wandern Maskulina von der schwachen in die gemischte und weiter in die starke Deklinationsklasse?

Der Deklinationsklassenwechsel betrifft fast ausschließlich die schwachen Maskulina. Diese zeigen Übergangstendenzen zur gemischten oder starken Deklination. Es gibt drei Stufen des Übergangs:

1. Stufe: Akkusativ und Dativ Singular werden ohne die Endung –en gebildet. Der Genetiv Sg. und der Plural behalten die Endung –en bei.
   den/ dem Menschen → den/ dem Mensch

2. Stufe: Die schwachen Endungen im Genetiv Singular wird durch die starke Endung –(e)s ersetzt, im Plural bleibt die Endung –en aber erhalten. Substantive dieser Stufe werden also dekliniert wie Substantive der gemischten Deklination.
   den/dem Mohren → den/dem Mohr
   des Mohren → des Mohrs

3. Stufe: Die Pluralendung –en wird durch die Endung –e der starken Deklinationklasse ersetzt. Substantive dieser Stufe werden stark flektiert.
   den/ dem Magneten → den / dem Magnet
   des Magneten → des Magnets
   die Magneten → die Magnete

Die Übergänge von der schwachen zur starken Deklination kommen fast ausschließlich bei Substantiven vor, die im Nom.Sg. auf einen Konsonanten enden, nicht bei solchen, die auf ein unbetontes –e enden. In der Schriftsprache sollte die schwache Deklination beibehalten werden, da die starke Deklination bei den meisten Substantiven als umgangssprachlich gilt.

Gründe für den Deklinationsklassenübergang

Köpckes Prototypentheorie: Köpcke entwickelte für die schwachen Maskulina zwei Prototypen:

Prototyp I	Prototyp II
+ menschlich	+ menschlich
auslautendes Schwa	
Pänultimabetonung	Ultimabetonung
Mehrsilbigkeit	Mehrsilbigkeit
Bsp: Halunke	Bsp: Artist

Ein Prototyp vereinigt eine maximale Anzahl an Attributen, die die Klasse charakterisieren = bestes Exemplar einer Klasse / Fokus. Innerhalb einer Kategorie existieren zentrale und periphere Merkmale. Mit zunehmender Entfernung von den Prototypen nehmen die Übergangstendenzen von der schwachen zur starken Deklination zu.

Neben dieser Theorie unterscheidet sich die Klasse der schwachen Maskulina von den anderen 4 Deklinationsklassen sehr stark, was den Übergang ebenfalls im Rahmen eines sprachlichen Phänomens erklären könnte:

- in keiner anderen Deklinationsklasse wird der Akk. oder Dat. Sg. mit einem Suffix markiert
- bei allen Nicht-Feminina ist der Gen. Sg. immer formal vom Akk. und Dat. unterschieden.
- wird der Gen. markiert, dann immer durch –s

Daneben gibt es noch eine kleine Gruppe von 12 Wörtern, die ebenfalls Tendenzen des Übergangs von der schwachen zur starken Deklination zeigen. Diese schwachen Maskulina lauten auf ein Schwa aus und weisen zusätzlich das Merkmal [-belebt] auf. Sie bilden den gen. Sg. nicht auf –n sondern auf –ns, d.h., sie übernehmen zusätzlich ein Merkmal der starken Nicht-Feminina.

Buchstabe	Friede	Funken	Gedanke	Gefalle	Glaube
Haufen	Hode	Name	Samen	Schade	Willen

8)   Flexion des Adjektivs

Was ist ein Adjektiv?

Ein Adjektiv flektiert hinsichtlich Kasus, Numerus, Genus, ist komparierbar, hat drei Verwendungsweisen und hat zwei Flexionsreihen.
→Diese Definition reicht nicht aus, da es so viele Ausnahme gibt: quitt, flutsch etc. fallen auf
   diese Weise raus, da diese Adjektive nur prädikativ verwendet werden können
* Syntaktische Definition: Adjektive sind nicht genusfeste Wörter, die immer zwischen Artikel oder Pronomen und Substantiv stehen KÖNNEN!

Wichtig ist, dass Wortarten grundsätzlich nicht über ihre Bedeutung bestimmt werden können (Eigenschaftswörter) → Sie könne nur über morphologische oder syntaktische, nicht aber über semantische Kriterien bestimmt werden!
Bsp.: Numerale = Wortart gibt es nicht, da sie keine gemeinsame Gruppe beschreibt
                dritte : Adjektiv
                Millionen : Substantiv

Fazit: Keine Definition fasst alle genannten Eigenschaften eines Adjektivs zusammen, die dann nicht wieder eine bestimmte Gruppe von Wörtern ausschließt. Allein der Prototyp eines Adjektivs weist alle genannten Eigenschaften auf.

Wovon hängt es ab, ob das Adjektiv stark oder schwach flektiert wird?

starke Flexion: wenn kein Artikel oder Pronomen vorausgeht, der bereits ein Flexionssuffix
               enthält

schwache Flexion: wenn bereits ein Artikel oder Pronomen vorrausgeht, das ein
                Flexionssuffix enthält, wird das Adjektiv schwach flektiert oder wenn bereits
                ein anderes Adjektiv vorausgeht, das strak flektiert ist

Wie ist die sog. gemischte Adjektivflexion einzuordnen und zu bewerten?

Die Annahme einer gemischten Flexionsreihe ist falsch, da diese Annahme verkennt, dass sich hier starke Flexion findet nach mein, kein und ein, wenn diese keine Flexionsendung enthalten.
     kein guter Wein   (kein trägt kein Flexionssuffix → starke Flexion)
     keinem guten Wein   (keinem trägt Flexionssuffix → schwache Flexion)

28

Was sind die Komparativ-Suffixe?

Nur Adjektive, die prädikativ verwendbar sind, können auch flektiert werden

Komparativ: unflektierte Form des Positivs + -er / -e (Umlaut)

Superlativ: unflektierte Form des Positivs + -st / -est

Suppletivismus =Bildung bestimmter Flexionsformen mit einem anderen Stamm

Welches Problem gibt es bei den Superlativformen in prädikativer und adverbialer Verwendung?

Kurzform eines Adjektivs = Positiv ohne Flexionssuffix, nicht flektiert → eine Wortform, die bei prädikativer und adverbialer Gebrauchsweise verwendet wird.

Positiv: schön
Komparativ: schön – er
Superlativ: schön-st*

* = schönst ist keine gebräuchliche Kurzform und wird deshalb ersetzt durch am + flektierte Form des Superlativs (am schön-sten)

Gibt es nicht-komparierbare Adjektive? Welche? Welche nicht?

Nicht-komparierbar sind alle Adjektive,

- die nur attributiv verwendbar sind, die von Adverbien abgeleitet sind (heutig)
- die nur attributiv und adverbial verwendet werden (täglich)
- wie ständig, gänzlich, unverzüglich und ungefähr
- nicht flektierbar sind (quitt)

Alle anderen Adjektive können grundsätzlich kompariert werden.

Problem: Mache Grammatiken schließen solche Adjektive aus, die

- eine Eigenschaft ausdrücken, die nicht in unterschiedlichem Maße vorliegen kann (lebendig, rund, tot)
- zusammengesetzte Adjektive mit verstärkenden Bestandteilen (riesengroß)
- die mit einem Wortbildungselement verneint sein (kinderlos, unüberhörbar)

→Übersehen aber, dass diese Adjektive nicht unbedingt auf das Lebendigsein oder Totsein von Lebewesen referieren, auch andere Bezüge sind möglich!

9)   „Begleiter-Stellvertreter"

Wie können diese gegenüber Substantiv und Adjektiv abgegrenzt werden?

Artikel sind deklinierbare Wörter, die weder Substantiv noch Adjektiv sind und die bisher als Artikel oder Pronomen bezeichnet wurden. Artikel können nicht genauer definiert werden, sondern nur durch den Vergleich mit Substantiven und Adjektiven negativ von diesen abgrenzen.

	Substantiv	Adjektiv	Begleiter-Stellvertreter
inhärentes Genus	+	-	(-)
artikelfähig	+	-	-
komparierbar	-	+	-
attribuierbar	+	+	-
2 Flexionsreihen	-	+	-

Problem: Begleiter-Stellvertreter lassen sich nicht als eine Wortart fassen
Lösung: syntaktische Verwendung betrachten → 3Klassen (Thieroff)
1. nur Begleiter von Substantiven = Artikel
2. autonom = nur Stellvertreter einer NP oder eines Substantivs
   = Pronomina im engeren Sinn
3. sowohl autonom als auch als Begleiter = Begleiter-Stellvertreter im engeren Sinn

Zu den Begleiter- Stellvertreter im engeren Sinn gehören Demonstrativa, Indefinita, Possessiva und das Wort welcher.

Welche Unterteilung der „Begleiter-Stellvertreter" kommt in der Literatur vor, d.h. welche Verwendungsweisen werden in der Literatur zu einer Wortklasse zusammengefasst? (Nennung von Autoren-Namen nicht erforderlich!)

adnominal: substantivbegleitend
pronominal: autonom, nicht substantivbegleitend

Eisenberg:
- nur adnominal = Artikel
- alle anderen = Pronomen

Duden:
- sowohl adnominal, pronominal, als auch beiden = Artikelwort und Pronomen

Engel:
- adnominal und ad- und pronominal = Determinativ
- pronominal = Pronomen

Helbig/ Buscha und Zifonun:

- = Artikelwort, adjektivisches Pronomen= Determinativ
- = substantivisches Pronomen= Proterm

→Annahme, dass jedes Wort, dass sowohl Begleiter als auch Stellvertreter sein kann, gibt es zweimal: ein Artikelwort dieser und ein davon verschiedenes homonymes Pronomen dieser

Welche (zwei) Artikel gibt es?

unbestimmter Artikel (Indefinitartikel): ein
bestimmter Artikel (Definitartikel): der

Funktionen:
- Substantive bestimmter Klassen (Gattungsbezeichnungen) brauchen zumindest im Singular ein vorangestelltes Wort für eine NP
- Indefinitartikel führt einen Referenten neu in einen Diskurs ein
- mit dem Definitartikel kann dann auf diesen Referenten verwiesen werden
- generische Funktion = Bezeichnung von Klassen

Unterschied Definitartikel vs. Demonstrativum *der*

Orthographisch unterscheiden sich beide Formen nicht voneinander, im Gesprochenen können die Artikelformen abhängig von ihrer Ausgangsform jedoch unterschiedlich stark reduziert werden. Immer dann, wenn die Reduktionsform vorliegt, liegt ein Artikel vor. Zudem kann grundsätzlich nur ein Artikel mit einer Präposition verschmolzen werden, nicht aber ein Demonstrativum.

Klassen von Begleiter-Stellvertretern i.e.S.: Demonstrativa, Indefinita, Possessiva, *welcher*

Demonstrativa: dieser, jener, derjenige, derselbe und betontes de´r

Indefinita: aller, einiger, etlicher, jeder, jedweder, jeglicher, irgendein, irgendwelcher, kein, mancher, mehrere

Possessiva: mein, dein, sein, ihr, euer, unser, ihr
→Anderes als andere Begleiter-Stellvertreter haben Possessiva bestimmte Flexions-eigenschaften mit den Adjektiven gemeinsam.

welcher: verschiedene Funktionen:
- Interrogativum

- Indefinitum
- Relativpronomen

Klassen von Pronomina i.e.S.: Personalpronomina, Indefinitpronomina, *wer/was*, Relativpronomina

Pronomina im engeren Sinn kommen nur autonom vor, d.h. als NP.

Personalpronomen: 1. und 2. Person flektieren nur nach Numerus und Kasus, die Formen der 3. Person flektieren auch nach Genus

Indefinitpronomen: (Maskulina) jedermann, man , jemand, irgendwer, irgendjemand, niemand
(Neutra) etwas, irgendwas, irgendetwas, nichts
Die Neutra sind unveränderlich und man gibt es nur im Nominativ.

wer: hat primär die Funktion eines Interrogativpronomens, aber auch als Indefinit- und Relativpronomen, ist maskulin; was ist neutrum

Relativpronomen: der, welcher, wer und flektieren wie die jeweiligen Pronomen

Problem Reflexivpronomen: Welche sind es, wie viele gibt es?

Es gibt nur ein Reflexivpronomen sich, das nur in dieser Form vorkommt und für den Akkusativ und Dativ aller Genera und des Plurals steht. Sich kann als zusätzliche Personalpronomenform ausgefasst werden.

Bei Bezügen auf die 1. bzw. 2. Person gibt es keine Missverständnisse, wer gemeint sein könnte, da es nur einen Sprecher gibt, auf den es sich beziehen kann. Daher besteht keine Notwenigkeit zur Differenzierung. Bei der 3. Person hingegen ist der Bezug des Pronomens unklar, da es viele dritte Personen gibt. Daher ist hier eine formale Differenzierung notwendig: sich verdeutlicht also, dass der Sprecher selbst gemeint ist (er wäscht sich).